AVIS

AU

PUBLIC.

AVIS AU PUBLIC,

Par M. J.,

SUR LES

PAMPHLETS

PAR NUMÉROS,

QUI S'IMPRIMENT AU MANS,

ET

SE PROPAGENT DANS LES DÉPARTEMENS.

AU MANS,

l'Imprimerie de Monnoyer, Imprimeur du Roi,

1818.

AVIS AU PUBLIC,

Par M. J.,

SUR LES

PAMPHLETS

PAR NUMÉROS,

QUI S'IMPRIMENT AU MANS,

ET

SE PROPAGENT DANS LES DÉPARTEMENS.

LA curiosité, je puis le dire, n'est pas mon vice dominant ; on ne me voit point courir par les rues et les places publiques, lire les affiches, écouter les annonces, environner les charlatans : rarement j'entre chez les marchands de nouveautés. Aussi, parmi les choses plus ou moins sérieuses qui occupent le monde, combien dont je n'ai pas la moindre connaissance ? et je n'en suis souvent pas pis.

Un pur hasard fit tomber sous mes yeux, il y a quelque temps, une mauvaise brochure, signée d'un *Denis - Claude Barbier*, qui manifestait, probablement de son mieux, aux amis du pauvre Bazin, ses condoléances sur la mort qui a terminé une si belle carrière. Il promettait aux braves gens de la campagne de s'occuper de leur bonheur, de marcher sur les traces de son digne maître, de les instruire autant qu'il le pourrait en toute occasion, et de leur communiquer de l'abondance de ses lumières. Voilà en gros ce que j'ai retenu de ce premier essai; je ne l'ai pas revu depuis.

Le second numéro, dont j'ignorais parfaitement l'existence, m'est encore venu trouver par hasard, sans que je l'eusse cherché ni demandé: je le parcourus : j'en fus encore plus choqué que du premier. Justement indigné des grossièretés et des absurdités qu'il renferme ; touché de l'ignorance et de l'impéritie de l'auteur, je n'écoutai que mes sentimens, je pris la résolution de lui donner, par charité, quelques leçons dont il a évidemment besoin. Sur-le-champ j'en rédigeai une que je lui ai adressée : je ne sais pas encore comment il l'aura prise et ce qu'il en pensera.

Je ne savais pas qu'on avait publié, ou du moins imprimé avant cette méchante brochure, plusieurs numéros d'une espèce de journal, qui paraît je ne sais quand ni comment. Seulement je vois sur le premier : *Février* 1818 ; d'où je conclus qu'il peut avoir un mois d'ancienneté. Il me semble que c'est déjà beaucoup. J'en ignorerais sûrement encore l'existence, si une personne n'avait pris la peine, un de ces soirs, de m'en remettre, dans un petit paquet, sans me dire ce que c'était, quatre extraits ; car c'est ainsi qu'ils sont étiquetés. D'où sont-ils extraits ? C'est ce qu'on saura quand les preuves en seront données.

J'apportai donc ce petit paquet, en faisant quelques hypothèses dans mon esprit, et tâchant de deviner ce que ce pouvait être. Arrivé chez moi, je le défis; et je vis quatre petits livres bleus sous cette rubrique : *Propagateur d'Anecdotes curieuses et intéressantes, I.er Extrait, II.e Extrait, etc.* Oh ! oh ! me dis - je à moi-même, c'est du curieux; voyons donc ce que c'est. Je les feuillete tout de suite depuis le commencement jusqu'à la fin, jetant un coup-d'œil d'un côté, un coup-d'œil de l'autre. Bientôt j'eus compris de quoi il s'agissait, quels en étaient l'esprit et la tournure. Je les mis de côté et m'occupai pendant deux jours de mes affaires. Aujourd'hui j'ai voulu voir tout de bon ce qu'ils contenaient; j'ai eu la patience d'en soutenir la lecture jusqu'au bout. Je ne dirai pas certainement que je les ai lus avec satisfaction; mais je dirais volontiers comme Mallebranche, dans une occasion à-peu-près semblable : Qu'est-ce que cela prouve ?

C'est en effet la pensée qui m'est venue plusieurs fois. Regardant le titre, puis examinant les pièces décousues, prises, Dieu sait où, bizarrement arrangées dans chaque extrait, accompagnées de réflexions impertinentes, souvent calomnieuses et révoltantes en toutes manières, je me suis demandé : Quel est donc le but qu'on se propose ? où en veut-on venir avec tout ce fatras, si dépourvu de raison et de bon sens ? quel est donc l'auteur, ou quels sont les auteurs de cette compilation informe, qui serait plus ridicule si elle était moins dégoûtante ?

Elle m'a paru clairement porter l'empreinte d'une certaine école qui existe parmi nous ; quoique je ne l'aie guère suivie, j'en savais néanmoins assez pour la reconnaître aisément aux premiers traits que je rencontrais. S'il me fût resté quelques doutes, ils auraient été bientôt dissipés : je n'ai pas tardé à trouver un nom qui, s'il n'est pas fameux, n'est pas non plus ignoré au Mans depuis quelque temps. Vers la fin, plusieurs parlant à la première personne, prennent la défense de M. Barbier, contre l'article inséré dans la feuille politique du Mans. Alors tout nuage a disparu ; il est constant que c'est M. Barbier lui - même, M. Goyet, et peut - être quelques autres amis de la même trempe, qui sont les faiseurs d'extraits et les commentateurs des jolies anecdotes qu'ils racontent.

Mais quel est leur but, encore une fois, me suis-je demandé ? je n'y conçois rien. Je suis revenu à une manière d'avant-propos qui est au commencement, et j'y ai lu de grands mots comme on en trouve par-tout maintenant. Ces messieurs se rangent sans façon parmi ceux qu'ils appèlent des *écrivains libres et courageux, qui sont autant de fanaux destinés à éclairer la nation sur ses vrais intérêts, et à faire paraître au grand jour les sottises des hommes en place.* Voilà un étalage qui en vaut la peine, et nous promet des choses importantes. Hommes en place, qui que vous soyez, Roi, ministres, généraux, préfets, juges surtout, et vous maires et adjoints dans toute l'étendue de la France, prenez garde à ce que vous ferez ; sachez que vous êtes observés de près, que toutes vos démarches sont suivies avec attention, toutes vos actions soumises à un examen sévère. Deux hommes, appelés Goyet et Barbier, profonds politiques, grands publicistes, zélés, courageux, intrépides, veillent pendant qu'on dort ; ils tiennent au Mans des conférences sur toutes les branches de l'administration publique ; font passer chaque jour tous les actes des fonctionnaires quelconques, depuis les plus élevés jusqu'aux moindres grades, par la filière de leur sage critique : malheur à celui qui ne sera pas en règle ; rien n'échappera à la perspicacité de leur vue ; leur inflexible justice n'épargnera personne ; ils se feront *un devoir de dénoncer au tribunal de l'opinion publique tout ce qui leur PARAITRA inique et en contravention à la Charte constitionnelle.*

Remarquez la pureté et l'étendue de leur zèle. Comme leur carrière est immense et leur tâche pénible, ils ne se croiront pas obligés de s'en tenir scrupuleusement à la vérité ; il vaut mieux aller au - delà que de rester en-deçà : ainsi, dès qu'une chose leur *paraîtra* inique ou contraire à la Charte, ils commenceront par la dénoncer, et citer impitoyablement devant l'opinion publique le magistrat qui leur semblera avoir prévariqué. Dans la disposition où est leur imagination, ils verront souvent des apparences d'injustice et de prévarication, et le public va être rudement occupé à juger tous ceux qui vont comparaître devant son tribunal.

Je ne sais même pas trop comment il s'en tirera ; car ces messieurs retranchent du public qu'ils prennent pour juge, et devant lequel ils vont faire la fonction d'accusateurs, *les profonds administrateurs, les subtils théologiens, et autres hommes instruits*; ils n'écrivent que *pour la classe intermédiaire et la moins éclairée, que pour les pauvres d'esprit.* Tels sont les juges devant lesquels ils dénoncent tous les magistrats et administrateurs du Royaume. Quiconque achètera leurs brochures et s'amusera à les lire, est convaincu par-là même d'être un pauvre d'esprit, un homme de la classe intermédiaire et la moins éclairée. Si nous nous croyons un peu instruits, n'allons pas nous mê-ler dans ces procès; nous usurperions des fonctions qui ne nous appartiennent point, et nous courrions ris-que d'être dénoncés nous-mêmes. Les ignorans seuls sont des juges compétens; c'est à eux exclusivement qu'il appartient de prononcer sur les actes du Gouver-nement et de ses agens, sur la politique, la religion et la morale. Car tel est le plan que MM. Goyet et Bar-bier embrassent, s'ils ont un plan; telles sont les ma-tières qui se trouvent consignées dans leurs brochures, et qui doivent être soumises, non à des administra-teurs, à des théologiens, ni à d'autres hommes ins-truits, mais à la classe la moins éclairée. Ces pauvres gens, courbés vers leurs travaux, devront se redresser de temps en temps pour réfléchir sur les causes sou-mises à leur discernement, examiner des faits déjà an-ciens, passés quelquefois à plus de 200 lieues d'ici, et porter leur jugement sur les plus hauts personnages accusés de prévarication par MM. Goyet et Barbier, qui de leur observatoire du Mans ont tout vu, tout connu à Grenoble, à Lyon, dans le Poitou, dans la Vendée, dans la Bretagne; car ce sont souvent des événemens pris dans ces pays-là qu'ils trouvent repréhensibles, et veulent faire condamner.

S'ils n'écrivent que pour les pauvres d'esprit, ils ne se piquent pas non plus d'en être eux-mêmes fort riches: ils avouent sans détour que leurs brochures *peuvent renfermer un GRAND NOMBRE DE FAUTES contre la grammaire, quelques fautes de langage.* Cet aveu ne doit pas flatter beaucoup leur amour-propre; mais il en coûte moins de confesser volontairement son ignorance, que d'être forcé ensuite d'en convenir. N'allons donc point rechercher minutieusement leurs NOMBREUSES FAUTES de langage et de grammaire; tenons-nous-en à leurs propres paroles; ils nous accordent assez pour que nous ne devions pas en souhaiter davantage.

Mais, ajoutent-ils, *nous nions formellement avoir blessé les règles de la saine logique.* Un petit moment, messieurs. Vous étiez si humbles toute à l'heure, et voilà que vous faites de suite une assertion bien positive, qui me paraît hasardée et présomptueuse. Pour en juger, examinons, selon les règles de la saine logique, vos raisonnemens et les moyens de preuves que vous apportez.

En bonne logique, s'il s'agit de découvrir ou de prouver la vérité, il faut procéder en allant du connu à l'inconnu, et ne jamais avancer qu'on n'ait acquis la certitude qu'on va poser le pied sur une base solide, pour de là faire un nouveau pas également sûr, et arriver ainsi par le droit chemin à la dernière conséquence qu'on veut tirer. S'il s'agit de prendre des moyens pour atteindre un but qu'on se propose, la saine logique a encore là ses règles, qu'il n'est pas permis de violer ; elle exige qu'on aille directement à ce but par les voies les plus courtes, les plus simples et les plus sûres. D'après ces principes invariables, qui n'ont jamais été contestés par aucun homme raisonnable, les susdits Goyet et Barbier ont deux choses à observer, pour tenir la promesse qu'ils ont faite, de propager des vérités utiles et ne point pécher contre les règles de la saine logique : 1.º n'avancer aucun fait qui ne soit exactement vrai et bien prouvé, autrement ce ne serait pas une vérité ; 2.º que ce fait, bien connu et bien prouvé, intéresse le public et qu'il soit avantageux de le publier, sans quoi ce ne serait pas une vérité utile. S'ils manquent à une seule de ces conditions, c'en est assez ; leurs raisonnemens croulent ; leur logique, quoiqu'ils en disent, est en défaut. Ce serait bien pis si ces deux conditions venaient à manquer à la fois. Voyons un peu ce qui en est.

D'abord, dès le préambule, ces messieurs, ainsi que je l'ai observé, menacent de dénoncer à l'opinion publique tout ce qui leur paraîtra inique et en contravention à la Charte : ils ne prendront donc pas la peine de constater la vérité, et de s'assurer si l'iniquité et les contraventions, qu'ils entreprendront de dénoncer, auront réellement existé ou non ; faute essentielle de logique. Mais ensuite est-il utile pour le bien commun, de dénoncer ainsi et de proclamer hautement, comme des fautes et des injustices, ce qui ne fait encore que paraître injuste, ce qui peut-être et plus probablement n'a aucun fondement? Est-il utile pour le bien public, de représenter sans cesse les magistrats et tous les hommes revêtus de la confiance et de l'autorité du Monarque, chargés de faire exécuter les lois et d'administrer la justice, comme des ennemis du peuple, comme d'injustes oppresseurs qu'il faut, tant qu'on pourra, harceler, fatiguer, rendre odieux et méprisables? Quand il serait vrai qu'ils auraient mérité des reproches, à qui faudrait-il les dénoncer? serait-ce à la classe la moins éclairée et la moins capable de les juger ou de les corriger? Où tendent ces plaintes et ces invectives, sinon à l'anéantissement de toute subordination, au renversement de tout ordre dans la société? Est-ce là de là saine logique?

Si, après le petit préambule ou avant-propos, qui montre beaucoup d'aigreur et d'amertume, nous entrons dans le corps même de ces tristes productions, nous n'y trouverons pas les règles du raisonnement mieux appliquées : c'est un tissu d'anecdotes, dont la vérité ne repose sur rien, des faits controuvés ou dénaturés, présentés sous la forme la plus ignoble et la plus révoltante, et qui d'ailleurs, quand ils seraient vrais, ne prouveraient rien de ce que ces messieurs avancent, ne seraient point, au moins la plupart, des vérités qu'il fût utile d'annoncer et de publier.

Par exemple , ils affectent de méconnaître et de laisser ignorer les vrais motifs de la condamnation de l'indigne et séditieux libelle d'un certain Scheffer , pour se livrer à des déclamations à outrance contre les juges qui l'ont condamné ; ils le proclament leur défenseur, leur ami et leur patron , ainsi que Crevel, qui vient d'être également flétri. A leurs yeux , les cours prévôtales n'ont usé de leur autorité que pour commettre des horreurs et des excès intolérables : il est possible , sans doute , qu'il leur soit échappé des fautes , et il eût été à souhaiter que le malheur des circonstances n'eût point mis le Gouvernement dans la fâcheuse nécessité de les établir ; mais quiconque jugera sans passion n'accusera point tous leurs actes d'être entachés d'une injustice criante.

Une pensée qui aigrit surtout et révolte nos deux faiseurs de brochures , qui met leur bile en mouvement, excite leur haine , provoque leur colère , c'est qu'il y ait encore , dans la Vendée ou ailleurs , des places civiles ou militaires qui soient occupées par quelques - uns de ces hommes couverts à leurs yeux d'un opprobre éternel ; qui ont eu le tort impardonnable de repousser les idées révolutionnaires , de ne pas goûter les principes de liberté et d'égalité ; qui , par un attachement invincible au Gouvernement légitime et à la religion de leurs pères , ont voulu troubler et compromettre l'existence de la république, ont osé rejeter ses lumières , et s'opposer aux progrès de ses institutions ; et , ce qui leur crève le cœur , après le retour de l'île d'Elbe , ces maudits insurgés eurent la témérité de fouler aux pieds et de profaner les trois couleurs. Dès que ce sont des Vendéens ou des *Chouans* , c'est tout dire ; leur *mémoire vivra éternellement dans les annales des grands chemins et et des diligences.* Voilà les douces qualifications dont ils les gratifient tous sans exception. Et c'est sous le gouvernement du Roi légitime qu'on tient ce langage ; sous le gouvernement de ce Roi pour lequel la Vendée à jamais illustrée , et ceux qui ont embrassé sa cause , ont si généreusement versé leur sang ! Ils ne sont tous que des brigands, parce qu'ils ont été constamment fidèles : quelle étrange doctrine !

Le Prince auguste , objet de leur amour et de leur dévouement , remonté sur son trône , veut bien ne voir dans tous les Français que des enfans d'un même père : il les exhorte tous à oublier les malheurs et les crimes passés , à se réunir franchement pour concourir au bonheur commun ; c'est le vœu le plus ardent de son cœur, et pour y parvenir il n'a rien épargné : il appèle indistinctement aux emplois les hommes de toutes les conditions et de tous les partis, pourvu qu'il leur croie la volonté actuelle et la capacité de s'en bien acquitter. Il prend la France dans l'état où il la trouve, ne compte pour rien les outrages que lui et sa famille ont essuyés : il voudrait jeter un voile impénétrable sur tout ce qui a été fait , afin d'arriver plus sûrement à ce qu'il veut faire.

Il suit toujours avec fermeté le plan qu'il s'est tracé

et qu'il croit , dans sa sagesse , être le plus propre à cimenter l'union entre tous ses sujets , et à procurer leur bonheur. Tout cela n'est rien. Ces ames de fer n'en seront point touchées. Qu'on crie union elles crieront vengeance ; qu'on demande l'oubli elles demanderont des proscriptions; se plaignant amèrement de la sévérité dont on a usé envers des individus qui l'avaient malheureusement trop mérité , ces misérables veulent maintenant faire retomber ces peines sur ceux qui les ont infligées au nom de la justice. Ils ne seront jamais satisfaits que les places et les emplois ne soient exclusivement confiés à eux ou à ceux qui partagent leurs opinions anti-monarchiques. Ils ne prennent pas la peine de déguiser leurs prétentions. *Attendez , orgueilleux* , s'écrient - ils hardiment , *que vous soyez partis ou tombés.* Les voilà déjà sûrs de leur fait, à ce qu'il paraît. En entendant vociférer ces furieux, qui se donnent pour les amis du peuple, il me semblerait presque être reporté vers les clubs de 93. C'est à-peu-près le même langage d'insubordination et d'indépendance, le même mépris de toute autorité, les mêmes cris et sous les mêmes prétextes. Comme dans ces temps d'horrible mémoire , une classe toute entière de la société est vouée à l'ignominie , immolée à leur haine implacable ; elle est l'objet continuel de leurs sarcasmes et de leurs dérisions. Il ne manquerait plus que quelques circonstances, peut-être, pour en venir aux incendies, aux pillages, aux exécutions. Quiconque tient un rang distingué dans le monde, et a le malheur de compter parmi ses ancêtres quelque nom illustre, n'est plus qu'un *Roquentin*. C'est par cette burlesque dénomination qu'ils prétendent apprendre aux habitans des campagnes à respecter les propriétaires dont ils sont les fermiers. Pauvres peuples, que vous êtes à plaindre, si vous écoutez ces démagogues, qui ne cherchent qu'à vous porter à des excès aussi condamnables en eux-mêmes que funestes dans leurs conséquences.

Depuis plus de 3o ans il est reçu dans le style révolutionnaire, qu'on enveloppera dans la même proscription la religion et la légitimité, les prêtres et les nobles; qu'on parlera des uns et des autres dans le même sens et avec le même ton. Les courageux Goyet et Barbier n'avaient garde de manquer à un point si essentiel de la doctrine qu'ils tiennent de leurs devanciers, et qu'ils veulent à leur tour transmettre à leurs descendans dans sa pureté, sans la laisser dégénérer entre leurs mains. Parfaitement dégagés de toute croyance religieuse, des préjugés de l'enfance et de ces vieux restes des superstitions de nos pères, ils ne voient dans les Prêtres que des imposteurs et des Apôtres de l'erreur. Aux calomnies anciennes ils joignent des calomnies nouvelles : ils forgent ou habillent à leur mode des traits scandaleux qu'ils publient avec emphase; ils se délectent dans l'espérance que les ignorans, concluant du particulier au général, concevront pour l'ordre entier le mépris qu'ils veulent leur inspirer.

Dans cette louable intention, ils dénaturent indignement et racontent de la manière la plus maussade, ce que les Missionnaires ont fait à Grenoble : ce sont *des Officiers recruteurs de l'armée papale ; ils réussissent peu parmi les hommes, mais ils sont parvenus à mettre sous leur influence......* Je n'ose répéter les paroles mésséantes dont ces dignes écrivassiers ne craignent pas de se servir. Qui vous a dit , messieurs , qu'ils réussissaient peu auprès des hommes ? Nous pourrions vous citer des preuves authentiques du contraire, si vous étiez susceptibles d'en recevoir. A propos de quoi , à l'occasion des Missionnaires, insultez-vous les deux généraux Donadieu et Canuèl ? Apparemment parce qu'ils ont fait disparaître le drapeau tricolore et comprimé les révolutionnaires de ce pays-là , vos frères et amis ; parce que , deux fois , ils les ont empêchés de réaliser un projet pour lequel vous vous intéressiez probablement plus que pour le succès des Missionnaires.

Que n'aurais - je pas à dire sur l'intéressante anecdote touchant la sépulture d'un entrepreneur de bâtimens , à Grenoble ; sur l'histoire édifiante du Curé et du Maire d'Availles; sur le Curé breton, qui veut contraindre son pénitent , acquéreur de domaines nationaux , à rendre ces biens à l'Eglise , quoiqu'ils ne lui eussent jamais appartenu; qui ensuite contrefait le diable pour faire peur aux gens ? Je n'entreprendrai point de disserter sur ces faits ; ils n'en valent certainement pas la peine. Ce sont des calomnies, du moins nous pouvons le penser jusqu'à ce que l'on nous en ait donné des preuves convaincantes : en supposant qu'ils fussent vrais et indubitables , qu'en pourrait-on conclure ? Les hommes , pour être revêtus d'un caractère sacré , sont - ils impeccables , et leurs fautes peuvent-elles porter quelqu'atteinte à la doctrine sublime qui les condamne les premiers ? Est-ce que les scandales de quelques individus doivent compromettre l'honneur de tous ceux qui exercent la même profession ? Si nous voulions raconter ainsi les crimes des particuliers, et conclure de là au général , que n'aurions-nous pas à dire des révolutionnaires , des républicains, des libéraux , etc. ? Ne pourrions - nous pas assurer aussi que leur mémoire vivra non-seulement dans les annales des grands chemins et des diligences, mais dans l'histoire des massacres les plus horribles , des crimes les plus inouis ? Ceux qui ne comprennent pas le vice de ce raisonnement, sont bien stupidement ignorans ; ceux qui le comprennent et s'en servent néanmoins, sont d'une insigne mauvaise foi.

Je suis loin de rétracter ce que j'ai avancé sur l'ignorance du jeune Barbier, surtout en fait de religion; je n'hésite pas à ranger M. Goyet, quoique plus vieux, dans la même catégorie. Il est clair que l'un et l'autre ne tiennent à rien de ce qui fait l'objet de la vénération des Chrétiens ; la Religion Catholique, qu'ils appèlent d'un ton de mépris *la Religion de l'Etat*, n'est évidemment point la leur. Je ne vois rien, dans leurs écrits ni dans leur conduite, qui puisse nous faire juger qu'ils en professent une autre :

ils paraissent, à la vérité, admirer la morale de l'Evangile ; c'est un usage reçu chez nos sages modernes ; mais ils ne l'envisagent que comme la morale de Confucius, de Zoroastre ou de Platon ; or ce n'est point là une doctrine religieuse.

Nous serions curieux de voir quelque jour messieurs Goyet et Barbier se réunir pour dresser un symbole, et nous déclarer tout net s'ils croient quelque chose ; quelles sont les vérités qu'ils admettent, et sur quels motifs ils se fondent : nous saurions un peu à quoi nous en tenir, et alors nous pourrions peut-être, dans certains cas, raisonner avec eux.

Il serait assez à propos qu'ils fissent aussi leur profession de foi politique ; car ils paraissent véritablement aussi suspects de ce côté-là que sous le premier rapport. Il me semble voir de ces malades tourmentés par une fièvre ardente, qui se remuent sans cesse, se tournent et retournent en tout sens, et ne sont bien nulle part ni en aucune manière. Ils se font gloire d'avoir été en opposition à tous les Gouvernemens, jusqu'en 1814 ; ils y ont encore été depuis ce temps-là, excepté peut-être trois mois tout au plus ; ils ne sont point encore contens actuellement. Que leur faut-il donc ? La Charte constitutionnelle, disent-ils ; bon, c'est quelque chose : vous vous imaginez enfin les tenir à un principe fixe ; point du tout. La Charte reconnaît la Religion catholique comme Religion de l'Etat, ils n'en veulent point ; la Charte garantit les titres et les honneurs de la noblesse, ils la vilipendent

et la dévouent au mépris du peuple ; la Charte consa-
cre la légitimité , et la succession au trône par héré-
dité, et ils ne reconnaissent pour principe de Gouvernement que l'élection libre du peuple souverain. Quand
ils parlent de la Charte, ce n'est donc pas de celle que
Louis XVIII nous a donnée , mais apparemment de
quelques-unes de ces anciennes Chartes, qui ont suc-
cessivement vu le jour depuis 1792. Qu'ils s'expli-
quent donc clairement, afin que nous sachions à quoi
nous en tenir avec eux , et que nous puissions suivre
leurs raisonnemens et leur proposer les nôtres au besoin.
Jusque-là il ne nous est pas possible de voir dans leur
narré autre chose qu'un amphigouri contraire à toutes
les règles de la logique.

Ceux qui voudront des preuves saillantes de leur
bonne-foi, de leur droiture , et en même temps de leur
érudition, peuvent lire la fin du IV.ᵉ Extrait, page 62.
Tout le monde sait, disent-ils, *que M. de Pidoll
était Evêque constitutionnel ;* tout le monde sait parfaitement au contraire qu'il ne l'a jamais été. *Nommé
à l'Evêché du Mans , il fut conservé Evêque
concordatiste.* Qu'est - ce que cela veut dire ? Il était
donc déjà concordatiste avant d'être nommé à l'E-
vêché du Mans , et par conséquent avant le Concor-
dat. C'est conclure à la Goyet ou à la Barbier.

*M. l'Abbé Chevalier , Ministre de la Religion de
l'Etat, a fait imprimer et distribuer un ouvrage tout
rempli de bon sens.......* Voilà des expressions char-
mantes, délicatement choisies ; M. Chevalier en dira

ce qu'il voudra; je ne me mêle point de ses affaires. Mais, MM. les érudits et propagateurs d'anecdotes, vous citez la page 10, il n'y a pas un mot de ce que vous indiquez. C'était la page 16 qu'il aurait peut-être fallu citer; cependant on n'y trouverait pas que les Augustins étaient vendeurs d'*Indulgences papales ;* ces expressions ne sont point dans le livre de M. Chevalier. Où avez-vous pris que Luther prêchait contre les Augustins ? Il était Augustin lui-même, et fut député par son supérieur pour crier contre l'abus des Indulgences, et en même temps contre les Dominicains qui les annonçaient.

Quel est le motif qui vous a portés à travestir sacrilègement une sainte maxime de l'Evangile : *Bienheureux les pauvres d'esprit ;* comme si elle tendait à faire de l'ignorance une vertu ? Et pourquoi, en citant à cette occasion un passage du sage et judicieux Fleury, mettez - vous *Orateurs* au lieu d'*Auteurs*, qu'il y a dans le texte ? C'est une allusion bien spirituelle et bien piquante à des hommes dont la présence parmi nous vous offusque. Hâtez - vous de recueillir les renseignemens que vous nous promettez, et étayez bien vîte l'heureuse application que vous faites du vieil adage : *A beau mentir qui vient de loin.* Pour vous, si vous vouliez m'en croire, vous iriez plus loin débiter vos anecdotes, et vous y mettriez tant soit peu plus d'adresse, afin de mentir plus à votre aise et plus sûrement, car je vois qu'ici vous ne ferez pas fortune.

Ces petits échantillons nous donnent une idée de

votre sagacité , de votre exactitude et de votre probité. Nous pouvons , par aperçu , juger du degré de confiance que vous méritez , quand vous révélez *les sottises des hommes en place.* Les peuples sont heureux de vous avoir pour avocats. On ne manquera pas de s'adresser à vous quand on aura une cause désespérée , dont personne ne voudra se charger.

Peut-être, Messieurs, ne serez-vous pas très-contens de moi ; car , quoique vous distribuiez sans scrupule à tout le monde les épithètes les moins polies , que vous montriez en général une humeur chagrine et très-hargneuse , vous voulez qu'on garde avec vous de grands ménagemens , qu'on soit honnête et réservé ; qu'on vous flatte et qu'on vous caresse , tandis que vous mordrez , selon vos caprices , ceux qui vous approcheront ainsi bénignement. Vous défendez surtout que l'on vous compare à des chiens. Eh bien ! puisque vous le désirez, je renonce à cette comparaison. Supposons même, si vous voulez, que vous n'êtes pas des *hommes les moins estimables* , j'y consens. J'accorderai tout ce qu'on peut raisonnablement exiger ; je tâcherai de suivre de mon mieux les lois de la bienséance et de l'honnêteté.

Mais vous n'avez pas le droit de vous fâcher, si je dis que vos brochures sont mauvaises, très-mauvaises, extrêmement mauvaises ; qu'il n'y a ni goût, ni jugement , ni bon sens. Je puis en sûreté de conscience dire à tout le monde, que vous êtes des menteurs, des calomniateurs, des ignorans, des impertinens, et avec cela des impies , des orgueilleux et des fendans ; des frondeurs de toutes les autorités, des ennemis jurés de la légitimité : je puis encore ajouter pour l'intérêt des imbécilles qui seraient tentés de vous lire (vous n'écrivez pas pour d'autres, vous en convenez vous-mêmes); qu'ils n'apprendront de vous ni la grammaire , ni la politique , ni la religion , ni la morale, et que votre *saine* logique annonce des têtes bien malades. Je ne serais pas surpris que par la suite on fût obligé de vous administrer un *Traitement moral*, quoique vous paraissiez bien choqués de cette expression. Puissent mes observations prévenir la nécessité d'un tel remède !

P. S. Un cinquième N.° ou Extrait du Propagateur vient de me tomber sous les yeux dans une maison où je ne le cherchais pas. Il est si maigre et si décharné, qu'il pourrait bien ne pas vivre long-temps. Il a fallu agrandir les marges , accourcir les lignes et les écarter les unes des autres , pour en faire huit petites pages qu'on réduirait facilement à quatre. On le vend pourtant 20 centimes. Il n'en vaut en vérité pas 18. C'est une demi - feuille de papier barbouillé de je ne sais combien de billets , de notifications , de récépissés dénués de tout intérêt, au moins pour quiconque n'est pas de la famille Goyet. Il est question uniquement d'un procès que ledit sieur Goyet voudrait intenter à M. le Préfet de notre département, pour lui avoir fait l'affront de le consigner au Mans , par mesure de police administrative , en 1815 , et le fourrer en prison en 1816. Cette indignité commise à son égard lui crève le cœur depuis dix-huit mois. Il remue ciel et terre pour faire expier à M. le Préfet l'atteinte qu'il a osé porter à la liberté et à l'honneur d'un des meilleurs *patriotes* de la Sarthe. Les Tribunaux, les Ministres, les deux Chambres sont mis en mouvement ; tous du moins sont interpellés, et, par une fatalité désespérante, le malheureux plaignant est toujours débouté. Aussi il se fâche contre M. le Procureur du Roi, plus encore contre M.gr le Garde des sceaux, dont il paraît fort mécontent. Jusqu'à présent il a péché par la forme, mais il croit enfin l'avoir bien attrapée. Il va poursuivre à outrance son adversaire, et lui en faire voir de rudes, en l'accablant d'articles pris à point nommé dans la Charte et le Code pénal. Bientôt peut-être nous allons voir ce premier Magistrat assis sur la sellette et luttant contre son accusateur Goyet, qui aura sûrement Barbier pour avocat. Ensuite garde à M. le Procureur du Roi et à M.gr le Ministre de la justice : ils auront sans doute leur tour, et apprendront en même temps à leurs dépens à ne pas mettre ainsi les gens en prison par mesure de police.

Une autre brochure de la couleur et à-peu-près de la trempe des autres vient de m'arriver : je l'ai lue aujourd'hui pour la première fois, quoiqu'elle soit du commencement de mars. Elle s'appèle : *Dialogue entre Bazin et Philippeau.* Ce pauvre Bazin, qu'on met ici à toutes les sauces, est actuellement dans l'autre monde : on l'y fait raisonner ; il paraît s'y plaire.

assez. Tant mieux pour lui , car il n'en reviendra pas sitôt. Il conserve toujours , à ce qu'il paraît , malgré d'assez bonnes dispositions par ailleurs , sa rancune contre les *Roquentins*. Il assure qu'il n'y en point où il est ; je les en félicite , car ils ne feraient pas bon ménage avec lui , et j'avoue que je ne me soucie guère de le rencontrer quand j'irai dans ce pays-là.

Dans ces régions éternelles il retrouve Philippeau, Vergniaud et quelques autres bons amis semblables. Ils ne doivent pas en effet être logés là-bas fort loin les uns des autres. Bazin raconte naïvement qu'il s'est battu en duel , et qu'il est mort victime *du plus insensé des préjugés* ; qu'il n'a pas eu la force d'y résister, parce qu'il se serait cru déshonoré. Il sait maintenant ce qu'il en faut penser ; et s'il eût eu le temps d'écouter les Missionnaires , ou s'il eût voulu lire les moralistes , ils lui auraient prouvé que ce prétendu honneur n'était qu'une chimère opposée en même temps à toutes les lois naturelles, divines et humaines; il aurait compris la saine doctrine de la raison , qui reprouve ces jeux sanglans; et celle de la religion, qui frappe également de tous ses anathêmes , quoiqu'en puisse dire le monde , et ceux qui proposent , et ceux qui acceptent ces combats cruels et inhumains , restes déplorables des siècles de barbarie. S'il eût été plus sage , il vivrait encore , et se plairait probablement autant parmi nous qu'avec ses compagnons actuels.

Voici encore une autre brochure, habillée de rouge, et sortant de la même fabrique ; c'est tout dire. Elle est presque toute remplie de mensonges si palpables et de calomnies si grossières contre les Missionnaires, qu'elle ne peut être dangereuse qu'à ceux qui veulent absolument être trompés.

On ne l'aura pas toutefois à moins de 30 centimes, non plus que la précédente , et en général toutes celles qui ont environ 16 pages. Si les acheteurs n'ont pas l'intention de faire l'aumône aux auteurs, il faut qu'ils aient de l'argent à perdre pour acheter à ce prix - là de pareilles rapsodies. Je suis persuadé qu'ils s'en lasseront bientôt , et seront plus disposés à demander qu'à donner de l'argent pour les lire.

Le retard qu'a éprouvé, contre ma volonté, la publication de ces avis, me met dans le cas de dire ici un mot du sixième N.º du Propagateur , qui vient de paraître. Les auteurs, comme je m'y attendais bien, se déclarent les défenseurs du sieur Barbier, contre la leçon de logique et de bon sens que j'avais cru devoir lui donner. S'en suit-il qu'il n'en a pas besoin ? Non , sans doute : c'est une raison, au contraire, pour demeurer plus ferme dans le jugement que j'en avais porté. Car s'imaginer qu'on sait ce qu'en effet on ne sait point, c'est un degré au-dessous de l'ignorance , selon la pensée de M. Fleury.

Au reste, on ne paraît pas chercher à justifier en elle-même la brochure de M.ᵉ Barbier. Je serais curieux de voir ces messieurs la soumettre aux règles de la *saine logique* , et même du *gros bon sens* ; nous

verrions comment ils en prouveraient les principes et
les assertions. Ne se sentant point en force de ce côté-
là, ils déclinent ce point et tâchent de récriminer
contre moi. On peut comparer ma brochure avec ce
qu'ils en citent ; on verra, à commencer par le titre,
comme ils sont fidèles et adroits !

Dans de petites notes explicatives, ils prétendent
bien me riposter comme il faut. D'abord, pour me
faire connaître, ils avertissent le public de ne pas s'en
rapporter aux initiales : les voilà sur la voie, qu'ils
continuent. Ils prétendent que j'attaque Bazin ,
et que je n'aurais pas osé le faire pendant sa vie ;
et qu'à cause de cela je suis un poltron. Ils se trom-
pent. J'aurais pu dire pendant sa vie ce que j'ai dit
depuis qu'il est mort, si l'occasion s'en fût présen-
tée. Je le laisserais fort tranquille , si on ne remettait
pas sans cesse son nom sur le tapis , et si on n'avait
pas toujours l'air de faire de sa cause un parti. On
viendra encore impudemment nous reprocher de parler de partis, et tourner en dérision les mots *Union* ,
Oubli. Non, messieurs, cessez de provoquer les pas-
sions, de rappeler de trop fâcheux souvenirs, d'aigrir
les esprits , de prêcher des doctrines pernicieuses;
respectez les principes de la vérité et de la droite raison ; montrez-vous attachés au Roi et à son gouvernement, aux lois et à la légitimité, seule garantie de
l'ordre social en France ; en un mot, n'écrivez point,
ou écrivez d'une manière décente et raisonnable, et
alors vous n'entendrez point parler de moi, je vous

le promets ; ou si par hasard j'en parlais, vous verriez
que je sais respecter ceux qui méritent de l'être.

Si les Missionnaires ne sont que des imposteurs, des
Apôtres de l'erreur; s'ils n'enseignent qu'une *Doctrine
atrabilaire*, pour qui passeront ceux qui les admirent ?
Ai-je donc menti, en disant que vous insultez les
Dames du Mans, qui sont constamment allées les en-
tendre, et leur ont témoigné tant d'attachement ?

Vous vous imaginez que tous les anciens privilé-
giés m'ont chargé d'écrire en leur nom, pour mani-
fester leurs regrets et les miens ; vous êtes dans l'erreur sur ce point, comme dans bien d'autres. Je n'ai
pris conseil que de moi-même, et je ne crois pas avoir
montré aucun regret. Les lecteurs peuvent en juger.
Ils peuvent aussi juger de la solidité des raisons que
vous alléguez pour prouver que le Roi tient sa sou-
veraineté du peuple, ou pour vous excuser de l'avoir
avancé. Votre citation de Vély, l'élévation d'un de
nos compatriotes au trône de Suède, viennent parfaitement *ad rem :* et puis, j'ai eu grand tort de ne pas
copier quelques lignes si claires, dont Me Barbier
avait étayé sa proposition ! On peut voir comme elles
prouvent que j'ai été de mauvaise foi ! ! !

Je crois, de bonne foi, que les auteurs du Propagateur ont aussi grand besoin de logique et de bon sens
que celui de Pierre au sermon.

Ils se permettent, dans ce dernier numéro, des in-
jures contre M. le Préfet de la Sarthe ; c'est leur usage.
Ils lui font aussi des inculpations graves ; il n'y a rien
d'étonnant dans des gens qui depuis dix-huit mois ne

cherchent qu'à le faire condamner. Je suis persuadé que toutes ces attaques, auxquelles on veut donner un air d'importance, ne l'empêchent guère de dormir et de vaquer tranquillement à ses affaires. Ce que je sais, c'est qu'elles ne nuiront point à la réputation et à la confiance dont il jouit, malgré vos clameurs, dans l'esprit de tous les honnêtes habitans de la Sarthe.

F I N.